SALA SHARQ AL-ANDALUS MUSEO DEL MONASTERIO DE SANTA CLARA
SHARQ AL-ANDALUS HALL MUSEUM OF THE MONASTERIO DE SANTA CLARA
MURCIA

ANISH KAPOOR ISLAMIC MIRROR

25 DE NOVIEMBRE 2008 10 DE ENERO 2009 / NOVEMBER 25TH 2008 JANUARY 10TH, 2009

ÍNDICE INDEX

PARA BANCAJA ES MUY GRATO PARTICIPAR EN LA REALIZACIÓN DE UN ACONTECIMIENTO EXPOSITIVO COMO ÉSTE, AL QUE HAY QUE ATRIBUIR LA MAYOR IMPORTANCIA. ASÍ MISMO PARA LA CIUDAD DE MURCIA Y PARA LA COMUNIDAD AUTÓNOMA, EN PRIMER LUGAR, PERO TAMBIÉN PARA TODOS LOS QUE, EN UN PUNTO U OTRO DE ESPAÑA, SE ESFUERZAN, COMO LO HACE NUESTRA ENTIDAD, EN LA DIFUSIÓN DE LA CULTURA A TRAVÉS DE NUEVOS PROCEDIMIENTOS DE ACERCAMIENTO AL GRAN PÚBLICO.

A LA CONSEJERÍA DE CULTURA Y TURISMO Y A TODOS CUANTOS HAN PRESTADO SU APOYO PARA HACER REALIDAD ESTA INICIATIVA CULTURAL, QUE PERMITIRÁ A UN GRAN NÚMERO DE PERSONAS CONOCER LA OBRA DE ANISH KAPOOR, NUESTRA FELICITACIÓN.

SOBRE TODO PORQUE ESTE ARTISTA, CUYO TRABAJO HA LOGRADO EL RECONOCIMIENTO DE LOS ESPECIALISTAS DE TODO EL MUNDO, MERECÍA CIERTAMENTE QUE SU CREATIVIDAD PUDIERA SER APRECIADA POR UN GRAN NÚMERO DE PERSONAS. Y TAMBIÉN PORQUE ESTE PROYECTO DE INTERVENCIÓN EN ESPACIO PÚBLICO CONSTITUYE EL DESPEGUE DE UN PROGRAMA ARTÍSTICO QUE ESTÁ ORIENTADO POR EL PROPÓSITO, DIGNO DE TODO ELOGIO, DE APROXIMAR DIRECTAMENTE LAS ARTES PLÁSTICAS A LOS CIUDADANOS DE MURCIA, EN EL MISMO ÁMBITO URBANO EN QUE CONVIVEN DE MANERA COTIDIANA.

PARA BANCAJA, MATERIALIZAR EN OBRAS ESE PROPÓSITO, QUE HAY QUE CALIFICAR DE CIERTAMENTE AMBICIOSO, ES UNO DE LOS MEJORES LOGROS QUE PUEDEN OBTENER, CON SU ESFUERZO, LAS INSTITUCIONES PÚBLICAS QUE SE OCUPAN EN TAREAS RELACIONADAS CON LA CULTURA. TAMBIÉN LO ES PARA LA NUESTRA, QUE DESTINA A ESOS FINES UNA PARTE SUSTANCIAL DE LOS RECURSOS QUE OBTIENE CON SU ACTIVIDAD FINANCIERA, EN CUMPLIMIENTO DE UN COMPROMISO CON LA SOCIEDAD QUE INCLUYE, DE FORMA ABSOLUTAMENTE IMPRESCINDIBLE, LA VOLUNTAD DE INCENTIVAR EN TODO MOMENTO LA EXTENSIÓN DE LOS VALORES CULTURALES Y ARTÍSTICOS A TRAVÉS DE LOS MEDIOS MÁS EFICACES Y MÁS ADECUADOS PARA LAS CIRCUNSTANCIAS QUE DEFINEN A NUESTRO TIEMPO.

JOSÉ LUIS OLIVAS MARTÍNEZ Presidente de Bancaja

ISLAMIC MIRROR ES UN EJEMPLO PERFECTO DE LA FUERZA E INTENSIDAD DEL TRABAJO DE UN ARTISTA COMO ANISH KAPOOR QUE HA CONSEGUIDO AUNAR MILAGROSAMENTE EN SUS OBRAS UN LENGUAJE ABSTRACTO Y MATEMÁTICO CON UNA PROFUNDA PRESENCIA DE LO HUMANO. INSTALADO EN LA SALA SHARQ AL-ANDALUS DEL MUSEO DE SANTA CLARA, CONECTA UN ESPACIO QUE FUE UN PALACIO, CON EL CLAUSTRO Y LAS ESTANCIAS DE ORACIÓN. EL CIELO SE REFLEJA EN LAS AGUAS DEL ESTANQUE Y ÉSTAS EN EL ESPEJO DE ANISH KAPOOR EN UN DIÁLOGO SILENCIOSO Y SUBLIME.

CHESTERTON ESCRIBIÓ QUE ESCRUTAR UN ESPEJO ES UN ACTO FASCINANTE Y POÉTICO, PERO QUE LO QUE JAMÁS HA DE HACERSE ES ASOMARSE A ÉL CON EL OBJETO DE MIRARSE A UNO MISMO. PARA ESTE ESCRITOR LAS AGUAS MÁS PELIGROSAS NO SON LAS DE LAS CRECIDAS O LOS REMOLINOS, SINO LAS QUE AL DETENERSE UN INSTANTE PUEDEN REFLEJAR EL ROSTRO DE UN HOMBRE. *ISLAMIC MIRROR* NO MUESTRA NUESTRO ROSTRO RÍGIDO COMO UNA MÁSCARA, SINO QUE REFLEJA SU DISGREGACIÓN. AL HAZEM, EL ESTUDIOSO DE LA ÓPTICA –QUE TANTA INFLUENCIA TUVO A PARTIR DEL SIGLO XIII,– AL ENUMERAR LAS VIRTUDES DEL ESPEJO SEÑALABA QUE NO ERA SÓLO EL LUGAR DONDE SE REVELA LO MUY PEQUEÑO O LEJANO SINO QUE TAMBIÉN ERA CAPAZ DE HACER "APARECER EL MILAGRO": KAPOOR CONSIGUE ESTE MILAGRO DE HACERNOS VER LO INVISIBLE, AL HACER APARECER LA DESAPARICIÓN. EL TRÁNSITO DEL CUADRADO –LA TIERRA– AL CÍRCULO –EL CIELO–, ARTICULADO A TRAVÉS DEL OCTÓGONO –USADO POR KAPOOR EN SU *ISLAMIC MIRROR*– ES A LA VEZ UNA REFLEXIÓN SOBRE EL TIEMPO Y EL INFINITO. EN MUCHAS LENGUAS EXISTE UNA RELACIÓN DIRECTA ENTRE EL OCHO Y LA NOCHE. Y EL OCHO EN HORIZONTAL ES TAMBIÉN EL SÍMBOLO DEL INFINITO. EN LAS CAPILLAS FUNERARIAS DE PLANTA CUADRADA, ESE TIEMPO DE PEREGRINACIÓN HASTA LO ALTO ESTÁ SIMBOLIZADO CON EL OCTÓGONO DE ARCOS QUE SIRVE PARA POSIBILITAR LA CÚPULA REDONDA, UN PASO DEL AHORA A LO ETERNO. ASOMARSE A LA OBRA DE ANISH KAPOOR NO ES MIRAR EL ESPACIO Y LO QUE HAY, SINO ABISMARSE EN EL TIEMPO Y VER LO INVISIBLE, LO QUE SE DISGREGA. TAMBIÉN ES ESCUCHAR EL SILENCIO Y ENCONTRAR QUE EL INSTANTE QUE NOS ATRAVIESA ES, DE ALGÚN MODO, EXTRAÑO. EL QUE NOS SALVA.

PARA LA CONSEJERÍA DE CULTURA Y TURISMO DE LA REGIÓN DE MURCIA SUPONE UNA ENORME SATISFACCIÓN POSIBILITAR ESTE ENCUENTRO Y ESTE DIÁLOGO SIN PALABRAS Y QUEREMOS AGRADECÉRSELO TANTO AL ARTISTA COMO A TODOS LOS QUE LO HAN HECHO POSIBLE.

PEDRO ALBERTO CRUZ SÁNCHEZ Consejero de Cultura y Turismo de la Comunidad Autónoma de la Región de Murcia

LA LEYENDA DE SAN BAUDELIO
THE LEGEND OF SAINT BAUDELIO

POR / BY AGUSTÍN ESCOLANO BENITO

VISTA DEL ENTORNO DE LA ERMITA DE
SAN BAUDELIO (SORIA)
SURROUNDINGS OF THE HERMITAGE OF
SAN BAUDELIO DE BERLANGA (SORIA)

La historia que aquí se relata comienza en la noche en que un vértigo de estrellas despertó a los jóvenes Ismael y Omar mientras dormitaban en sus propios lugares bajo la sombra de una palmera protectora. El uno, a la orilla del Mediterráneo; el otro, en uno de esos mares de arena que inundan las lejanas tierras de Sahel.

Un extraño resplandor fue iluminando sus espíritus y sus pupilas, como anuncio del mensaje que el Alto Emisario les transmitía desde el cielo. Omar e Ismael –musulmán el uno, cristiano el otro- habían sido elegidos, por su pureza de corazón, para vivir un reencuentro solidario en un escenario muy alejado del que entonces se encontraban.

Ismael iba a ser el visionario guardián del Santo Grial, que encontraría en Montsalvatch, un lugar mítico de la geografía de la antigua Hispania.

Omar sería el guardián del Kausar, la fuente o selsebil del paraíso mahometano donde nacen todos los ríos. De él brotaba el agua purificadora y curativa

This story begins one night when a vertigo of shooting stars woke up the young men Ismael and Omar as they slept under the shade of a protective palm tree, each one in their own home land. One, on the shores of the Mediterranean. The other, in one of those seas of sand that cover the faraway lands of Sahel.

A strange brightness illuminated their spirits and their eyes, announcing the message that the High Emissary sent them from the heavens. Omar and Ismael—one a Muslim and the other a Christian— had been chosen for their purity of heart to meet together in a foreign place very far away from where they both lived.

Ismael was to be the visionary guardian of the Holy Grail, which he would find in Montsalvatch, a mythical place in the geography of ancient Hispania. Omar would be the guardian of the Kausar, the fountain or selsebil of Mohamed's paradise which is the source of all rivers. It is the spring of purified and

Texto extraído de *San Baudelio de Berlanga*, Necodisne Ediciones, Salamanca, 2005, pp. 78-86.

Extract from *San Baudelio de Berlanga*, Necodisne Ediciones, Salamanca, 2005, pp. 78-86

para todas las dolencias del espíritu humano.

Aquel resplandor azulado que les deslumbró e iluminó a un tiempo invitaba a seguir un camino iniciático, tal vez un laberinto en el que perderse para al final poder encontrarse a sí mismos y comprender además el verdadero sentido de las cosas y de la vida.

Perseguidos por Azrael –el ángel de la muerte en la cultura islámica, y uno de los ángeles malditos de la corte de Lucifer en la cristiana-, Omar e Ismael transitaron por desiertos y valles, cordilleras y páramos, hasta arribar a las tierras de San Baudelio, un paraje mítico y de leyenda, en el que desde antiguo asentó la tradición del lugar.

Allí encontraron refugio y acomodo en la gruta habitada por un anciano eremita seguidor de las enseñanzas del mártir Baudelio. Depositario y símbolo de una sabiduría secular, el viejo anacoreta explicó a los jóvenes el sentido del viaje que habían emprendido. En aquel paraje solitario, alejado de las guerras y las pestes, Omar e Ismael se encontraban

healing water that cures all the pains of the human spirit.

The bright bluish light that dazzled and at once illuminated them invited them to follow a path of initiation, a maze in which they must lose themselves in order to find themselves before and finally understanding the true meaning of things and of life.

Followed by Azrael, the Islamic archangel of death, and one of the Lucifer's fallen angels in Christianity, Omar and Ismael crossed over deserts and through valleys, over mountains and plains, until arriving at the lands of Saint Baudelio, a mythical place of legend since time immemorial.

There they found refuge and comfort in the grotto inhabited by an old hermit, a follower of the teachings of the martyr Saint Baudelio. Guardian and standard bearer of a secular wisdom, the old anchorite explained to the young men the meaning of the journey they had started out in. On that lonely place, far removed from wars and plagues, Omar

EXTERIOR DE LA ERMITA DE
SAN BAUDELIO
EXTERIOR VIEW OF HERMITAGE
OF SAN BAUDELIO

para edificar, bajo el símbolo de la piedra cúbica, un templo que iba a albergar, en una especie de mestizaje espiritual y estético, el alma y la esencia de sus culturas.

Al abrigo de las palabras del anciano ermitaño, los dos jóvenes se dispusieron, primero, a relatar su viaje como aventura.

Omar narró cómo un día que caminaba por el desierto, fatigado y exhausto, vio, en medio de su ilimitada y muda extensión, una ciudad de espléndida belleza. Llegado a ella, atravesó las enormes puertas que la ocultaban, y entre el silencio de sus palacios y jardines encontró a un derviche que le contó dónde se hallaba: en la ciudad de Irem, réplica del paraíso celestial de Allah, edificada por Sheddad, bisnieto de Noé. Aquella estancia sólo ofrecía su grandeza y sus mejores frutos a los caminantes escogidos. El derviche, especie de monje musulmán, le anunció saludables augurios.

- *Eres un peregrino del amor en busca de las hue-*

and Ismael met in order to build a temple, under the symbol of the cubic stone, that would accommodate the soul and essence of their cultures in a kind of spiritual and aesthetic composite.

Encouraged by the words of the old hermit, the two young men began to tell the story of the adventures along their journeys.

Omar told how one day as he was walking across the desert, tired and exhausted, he saw, in the middle of the boundless and silent expanse, a city of splendid beauty. When he arrived there and passed through the huge gates that hid it, among the silence of its palaces and gardens he came across a Dervish who told him where he was: in the city of Irem, a replica of the celestial paradise of Allah, built by Sheddad, the great-grandson of Noah. It offered grandeur and its best fruits only to chosen travellers. The Dervish, a kind of Muslim monk, told him of good omens.

llas del destino de las gentes de tu pueblo. Tu misión es aunar, en estos tiempos de luchas fratricidas y de desdichas, el espíritu de las culturas ahora enfrentadas.
- Siguiendo la senda que las estrellas irán abriendo a tu paso para ti, llegarás a una tierra fronteriza, iluminada por un íntimo esplendor, donde encontrarás a tu hermano. En este rincón exótico, liberado ya de las luchas por su dominio, construiréis los dos el templo de la unidad y la convivencia de todas las almas de buena voluntad.

Antes de abandonar la ciudad, el derviche entregó a Omar un báculo de madera labrado con jeroglíficos que parecían como incrustaciones de marfil. La lectura, el descifrado, de este báculo guiaría al caminante en su viaje y le proporcionaría las claves para encontrar al fin la fuente de la vida o selsebil, el Kausar que debía buscar y custodiar.
Ismael, por su parte, relató, lleno de emoción, có-

—You are a pilgrim of love in search of the traces of the destiny of your people. Your mission, in these times of fratricidal wars and misfortune, is to unite the spirit of cultures now in conflict.
—Following the path that the stars will open for you along your way, you will arrive at a frontier land, illuminated by an intimate splendour, where you will meet your brother. In this exotic land, now freed from the struggle over its dominance, you will both build the temple of unity and coexistence of all the souls of good will.

Before leaving the city, the Dervish gave Omar a wooden stick inscribed with hieroglyphics that seemed like encrusted ivory. Reading the coded inscription on the stick would lead the walker on his journey and provide him with the keys to finally find the source of life or selsebil, the Kausar to be sought and guarded.
Meanwhile, Ismael, full of emotion, recalled how the

INTERIOR DE LA ERMITA CON LOS ARCOS DE >
LA MEZQUITILLA Y EL AGUJERO DE ACCESO
A LA GRUTA SUBTERRÁNEA
VIEW OF HERMITAGE WITH ARCHES OF
LITTLE MOSQUE AND THE ENTRANCE TO
THE UNDERGROUND GROTTO

mo el espíritu de Titurel, el primer guardián del Grial, le siguió por los bosques y ciudades encantadas que fue encontrando en su camino. También recordó cómo una noche vio un castillo de grandes dimensiones, al que fue invitado a entrar en silencio por Titurel.

Al modo de un viajero errante, situado casi fuera de la existencia del tiempo, Ismael paseó entre sus estancias bajo la sensación de que iba robando salas a un laberinto, que le condujo al fin al salón en el que doce guerreros orantes custodiaban un extraño tabernáculo con forma de rosacruz, de cuyo interior brotaban misteriosos resplandores. Ante aquella contemplación del Grial, el joven sintió cómo se calmaban, una a una, todas sus heridas y cómo se apaciguaban sus angustias. Liberado ya de los enigmas del camino, comprendió ahora el significado de las crípticas grafías que decoraban la copa y se vio sumido como en un río de aguas serenas e invisibles. Aquellas escrituras le indicaron la clave para seguir

spirit of Titurel, the founding guardian of the Holy Grail, followed him through the enchanted forests and cities he found along his way. He also remembered how one night he saw a gigantic castle, to which Titurel invited him to enter in silence. Like a wandering traveller, almost outside the existence of time, Ismael walked through its chambers with the feeling that he was taking over rooms in a labyrinth, that finally led him to a hall in which twelve praying warriors stood guard over a strange tabernacle in the shape of a rose cross, from which a mysterious light was shining. On contemplating the Holy Grail, the young man felt as if, all of a sudden, all his wounds were healed and all his anxieties calmed. Now freed from the enigmas of his journey, he understood the meaning of the cryptic writing that adorned the chalice and he was swept away as if by a river of invisible yet calm water. The writing gave him the key to follow in the wake of Montsalvatch to a mythical land in which he would

la estela de Montsalvach hasta los espacios de una tierra mítica, en la que se encontraría con un alma gemela, con la que sintonizaría para construir un templo común, una especie de santuario erigido a la memoria de Dios por los hombres de todas las culturas.

Extrañado, sin palabras, el anciano ermitaño escuchaba. Omar e Ismael observaron que su rostro se iba transfigurando. En aquella vivencia casi mágica, los jóvenes volvieron a entrever los rostros del Alto Emisario, del derviche, de Titurel y de los doce guardianes del castillo. En su faz se marcaban los signos de los tiempos de intolerancia, las huellas de su herencia de dolor. Pero también surgían en ella gestos de sabiduría y de bondad, las marcas que invitaban de nuevo al reencuentro con la primigenia unidad y al feliz mestizaje.

Lograda la paz por tan maravillosa metamorfosis del espíritu, a Ismael le pareció ver suspendido en el aire, como sujeto por manos invisibles, el Santo

find a twin soul with whom he would work together on building a temple, a kind of sanctuary build to the memory of God for the men of all cultures.

Puzzled, the old hermit listened without saying a word. Omar and Ismael saw how his face kept transfiguring. During this almost magical experience, the young men caught another glimpse of the faces of the High Emissary, of the Dervish, of Titurel and of the twelve guardians in the castle. On their faces they could see the signs of the times of intolerance, the traces of their legacy of suffering. But it also revealed signs of wisdom and goodness, the marks that invited a reencounter with primary unity and joyful miscegenation.

Having achieved peace through such a wonderful metamorphosis of the spirit, Ismael seemed to see, suspended in the air, as if held in invisible hands, the Holy Grail, while Omar heard the muezzin of Allah singing in the heart of the fountain. Both of them, united in the Way and in the Teaching, agreed to build

COLUMNA PALMIFORME CON DETALLE DEL HUECO
DE MEDITACIÓN EN SU PARTE SUPERIOR
PALMIFORM COLUMN WITH DETAIL OF MEDITATION
HOLE IN TOP PART

Grial, mientras Omar oía cantar en el corazón del manantial al muecín de Allah. Ambos, hermanados ya en el Camino y en la Enseñanza, acordaron construir juntos un templo donde albergar la Copa y donde guarecer la voz del alma de Allah. Y así lo hicieron.

El viejo eremita, depositario de la Sabiduría, les mostró, desde su silencio estelar, las tablas portadoras de la ley de Yahvé y de la ley de Allah, que tomaron la forma de un libro con signos y jeroglíficos impresos que giraban en un movimiento espiral como si rotaran con su mensaje por el torbellino de los siglos.

Así había sido ofrendado el libro de la Sabiduría por los sacerdotes del templo de Eleusis a Salomón y a los constructores de las pirámides. Aquel texto también llegó a manos de los monjes tibetanos y de los indios precolombinos, y hasta entró a formar parte de la biblioteca de Shambala, la mítica ciudad de los dioses. Al-Mamun, califa de Bagdad, había

a temple to house the Chalice and to shelter the voice of the soul of Allah. And that is what they did.

The old hermit, the guardian of Wisdom, showed them, in his starry silence, the tablets carrying the Law of Yahweh and the Law of Allah, which took on the form of a book with signs and hieroglyphics that turned in a spiral movement as if revolving with their message in the whirlwind of the centuries.

This is how the priests of the temple of Eleusis had offered the Book of Wisdom to Solomon and the builders of the pyramids. That text also arrived into the hands of the Tibetan monks and pre-Columbian Indians, and even entered into the library of Shambala, the mythical city of the gods. To hold this book, Al-Mamun, caliph of Bagdad, had build the biggest library of ancient knowledge that existed in the known world since the library of Alexandria, the Bayt-al-Hikma or House of Wisdom.

It was in that library that the ancient hermit of Saint Baudelio learnt the geography of the celestial bodies

edificado para acoger este libro la mayor biblioteca del saber antiguo que existiera en el mundo conocido desde la de Alejandría, la Bayt-al-Hikma o Casa de la Sabiduría.

En aquella biblioteca aprendió el anciano ermitaño de San Baudelio la geografía de los cuerpos celestes y la geometría áurea de la arquitectura de los templos, conforme a la cual tenía que ser erigida la nueva iglesia en un lugar de las tierras de Berlanga batido por todos los vientos y abierto a todas las culturas.

El templo se construyó con dos cubos. La forma cúbica simbolizaba la perfección y firmeza de toda obra cuadrada. Como eje central que diera soporte, orden y belleza a la bóveda se eligió la palmera. Ella había sido el árbol que cuidó el sueño de Omar y de Ismael durante la noche de la revelación. De apariencia delicada y frágil, la palmera pudo sobrevivir durante milenios en los desiertos, y ni el Sigmund, el espíritu del viento cautivo en los arenales, pudo de-

and the golden geometry of the architecture of temples, in accordance with which the new church had to be built in a place in the lands of Berlanga swept by all the winds and open to all cultures.

The temple was built with two cubes. The cubic shape symbolised the perfection and strength of all square work. The palm tree was chosen as the central axis that would lend support, order and beauty to the vault. It was the tree that had protected Omar and Ismael as they slept on the night of their revelation. Outwardly delicate and fragile the palm tree has survived for thousands of years in the deserts, and not even Sigmund, the spirit of the wind trapped in the sands, was able to defeat it. Among Christians, the palm tree was the holy tree of paradise that provided shelter in the oasis, and also the plant on which the Just ascended to the heights of the spirit and glory.

Once the Great Work was finished, the Holy Grail descended, guarded by the heroes of the Kausar, to

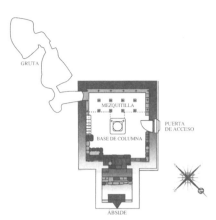

PLANTA DE LA ERMITA DE SAN BAUDELIO CON
ESQUEMA DE LA GRUTA EN LA MONTAÑA
FLOORPLAN OF HERMITAGE OF SAN BAUDELIO WITH
DIAGRAM OF GROTTO IN THE MOUNTAIN

rribarla. Entre los cristianos, la palmera fue el árbol sagrado y paradisíaco que puede dar cobijo a un oasis interior, y también la planta por la que ascendían los justos hacia la cima del espíritu y la gloria. Concluida la Gran Obra, el Grial descendió, custodiado por los héroes del Kausar, hasta la pequeña linterna que los dos jóvenes arquitectos habían colocado entre las nervaduras de la palmera. En ese mismo instante, un torrente de luz inundó toda la estancia del templo, bañando con brillo argentino las figuras de Ismael, de Omar y del hospitalario anciano. Un óxtasis colectivo desmintió así la vieja leyenda que aseguraba que sólo los cristianos podían llegar a ver el brillo del Grial. Al tiempo, las huríes, mujeres del paraíso islámico, cantaron bellísimos himnos, que todos escucharon también, negando así la tradición que decía que sólo los grandes guerreros musulmanes podían oírlas.

Desde entonces, los puros de corazón que visitan San Baudelio, o los que bajo la palmera sienten la

the little lamp that the two young architects had placed among the ribs of the palm tree. At this very moment, a torrent of light flooded the whole temple, bathing the figures of Ismael, of Omar and the hospitable old hermit with bright silvery light. A collective ecstasy thus refuted the old legend that told how only Christians could see the shiny glory of the Holy Grail. At the same time, the Houris, the women from the Islamic paradise, sang beautiful songs, which everybody heard, thus denying the tradition that said that only great Muslim warriors could hear them.

Ever since then, the pure of heart who visit Saint Baudelio, or those under the palm tree who feel the emotion of living under the protection of the Great Architect of the Universe, intuit the mystery enclosed in the holy chamber and hear the echo of the voice of the muezzin of Allah which comes from the heart of the fountain.

Nothing else is known of Omar or of Ismael, because

emoción de vivir con la protección del Gran Arqui-
tecto del Universo, intuyen el misterio que encierra
la cámara sagrada y escuchan el eco de la voz del
muecín de Allah que llega desde el corazón del
manantial.

Nada más se sabe de Omar y de Ismael, porque
nunca se ha de revelar el nombre y condición de
los guardianes del misterio. Nadie debe preguntar
por su país de origen, ni por el viaje que siguieron
después de aquella iniciación a la vida en común.
Después de todo, sólo importa saber que todos
amanecemos bajo el mismo sol y somos acunados
en la noche por el mismo vértigo de las estrellas.
Así lo recoge el Rubaiyat, y así se lo dijo también
Tristán a Isolda cuando le preguntó por su nombre
y por su origen.

the name and location of the guardians of the
mystery must never be revealed. Nobody must ever
ask where they came from, nor where they went
after that beginning of their life in common. After all,
all that matters is to know that we all wake up under
the same sun and we are all rocked to sleep at night
by the same stars. And so it is recorded in Rubaiyat,
and so it was told by Tristan to Isolde when he was
asked his name and where he was coming from.

ANISH KAPOOR, EL ESPEJO Y EL MUNDO
ANISH KAPOOR, THE MIRROR AND THE WORLD

POR / BY ROSA MARTÍNEZ

MOTHER AS MOUNTAIN
(MADRE COMO MONTANA), 1985
MADERA, YESO Y PIGMENTO /
WOOD, GESSO AND PIGMENT
140 X 275 X 105 CM

El autor y el Intérprete

Un interlocutor occidental preguntó a un lama tibetano qué significado tenía el brillante tocado amarillo con forma de rayos de sol que cubría la cabeza de los monjes en algunas ceremonias. Esperando que le dijera que representaba la iluminación, la budeidad o una mente intelectualmente elevada, se quedó sorprendido cuando el lama le contestó: «Significa un corazón bondadoso».

Hay una fisiología mística que recurre al cuerpo como instrumento y como metáfora, como materia a partir de la cual se subliman las sensaciones y se afianza el camino del conocimiento anímico y del sentido existencial. Nuestro cuerpo es la única herramienta que poseemos para conectar lo visible y lo sobrenatural, y su fisiología sutil tiene en el corazón el eje fundamental para avanzar en esta búsqueda. El amor es un sustrato común a creencias religiosas, filosóficas y herméticas distantes. Mientras visiones estrictamente materialistas como la del propio Karl Marx conciben el amor como una forma de alienación *(Selbstentfrem-*

The Author and the Interpreter

A westerner once asked a Tibetan lama for the meaning behind the bright yellow headgear like rays of sunshine that monks wear in some ceremonies. Expecting the answer to be that it represented illumination, Buddhity or an intellectually elevated mind, he was surprised when the lama responded that "it stands for a kind heart".

Mystic physiology views the body as an instrument and metaphor, as material from which sensations are sublimated and a path of knowledge of the soul and existential meaning is outlined. Our body is the only tool we have to connect the visible and the supernatural, and its subtle physiology has the heart as the basic axis along which to advance in this search. Love is a common substrate shared by differing religious, philosophical and hermetic beliefs. While strictly materialist visions like those of Karl Marx view love as a form of alienation *(Selbstentfremdung),* the love fusion can also be understood as a "sudden illumination of two beings which culminates in the

Foto / Photo: John Riddy • Cortesía / Courtesy: Lisson Gallery

TARATANTARA, 1999
BALTIC CENTRE FOR CONTEMPORARY ART, GATESHEAD

dung), la fusión amorosa puede entenderse también como una «iluminación súbita de dos seres que culmina en el vuelo recíproco hacia la trascendencia».1

Ramón Llull, en su *Arbre de Filosofía d'Amor*, habla de dos hermanas que personifican la «Filosofía de Saber» y la «Filosofía de Amor»; dice que el saber por el saber, si no está sustentado por el amor, genera maldad, avaricia, engaño y traición, y que la «Filosofía de Amor» debe cimentar cualquier otra búsqueda. En el sufismo, el corazón del gnóstico es el ojo, el órgano por el que Dios se conoce a sí mismo en las formas de sus epifanías.2 Para el ser humano, el corazón-ojo es también el órgano por excelencia del conocimiento, mientras que el lenguaje es un medio relevante y necesario para la producción y la interpretación de ese conocimiento.

La conciencia de que, como dijo Nietzsche, «nosotros estamos más allá del lenguaje», no impide que use materias y tecnologías para hacer visible lo invisible, para hacer concebible lo irrepresentable, para

reciprocal flight toward trascendence".1

In his *Arbre de Filosofía d'Amor (The Tree of Love)*, Ramón Llull speaks of two sisters who personify the "Philosophy of Knowledge" and the "Philosophy of Love". He claims that, when not underpinned by love, knowledge for knowledge's sake leads to evil, avarice, deception and treachery, and that the "Philosophy of Love" must be the foundation for all other quests. In Sufism, "the gnostic's heart is the eye, the organ by which God knows Himself, reveals Himself to Himself in the forms of His epiphanies."2 For the human being, the heart-eye is also the organ par excellence of knowledge, while language is a relevant and necessary medium for the production and interpretation of this knowledge.

The consciousness that we are "beyond language" as Nietzsche said, does not prevent us from using materials and technologies to make the invisible visible, to make the unrepresentable conceivable, to allow us to connect with states of being and forms of

1. Johan Brouwer, en *Trasfondo de la mística española*, citado por Carlos Gurméndez en «El compromiso del amor», *El País*, 7 de septiembre de 1996.
2. Henry Corbin, en *La imaginación creadora de Ibn Arabí*, Ed. Destino, Barcelona, 1993, p. 173. Citado por Carlos Varona Narvión en sus comentarios en Ibn Arabí, *El intérprete de los deseos (Taryuman Al-Aswaq)*, Editora Regional de Murcia, Murcia, 2002, p. 27.

1. Johan Brouwer, in *Trasfondo de la mística española*, cited by Carlos Gurméndez in "El compromiso del amor", *El País*, September 7th 1996.
2. Henry Corbin, in *La imaginación creadora de Ibn Arabí*, Ed. Destino, Barcelona, 1993, p. 173. Cited by Carlos Varona Narvión in his commentary on Ibn Arabí, *El intérprete de los deseos (Taryuman Al-Aswaq)*, Editora Regional de Murcia, Murcia, 2002, p. 27. [*Creative Imagination in the Sufism of Ibn 'Arabi*. Princeton University Press, 1969. (Re-issued in 1998 as *Alone with the Alone*. p. 221)].

AYERS ROCK. AUSTRALIA

Foto / Photo: Anish Kapoor

permitirnos conectar con estadios del ser y formas de saber difícilmente accesibles de otra manera. Hay obras artísticas que ponen el acento crítico en los modos de transformación social, mientras que otras se sitúan más cerca de la perspectiva emocional; las hay que buscan la belleza como símbolo de la verdad, y otras que la persiguen como razón en sí misma. Hay muchas que nacen de la necesidad de decirse a uno mismo, como expresa Matilde de Magdeburgo en su obra *La luz fluyente de la divinidad*, «Irata acerca de mí sola y revela gloriosamente mi misterio».3 Todas son portadoras de un germen que se expande y fructifica al ser recibido y reinterpretado, pero sólo aquellas que se cuestionan la pertinencia estética y lingüística de su razón de estar en el mundo son relevantes desde el punto de vista artístico.

En la época del capitalismo triunfante, cuando prevalece fríamente el interés sobre cualquier otro valor, la mecánica de producción de ansiedad libidinal y de capital cognoscitivo fácilmente consumible ha dejado

knowledge difficult to reach in other ways. There are works of art that put a critical accent on the forms of social transformation, while others are located closer to an emotional perspective; some search for beauty as a symbol of truth, while others seek it as a reason in itself. Many are born from the need to speak oneself, as Mechthild of Magdeburg expressed in her work *The Flowing Light of the Godhead* when she said "this book signifies me alone, how gloriously the words reveal my mystery".3 They are all bearers of a seed that expands and fructifies when received and reinterpreted, yet only those that question the aesthetic and linguistic significance of their reason for being in the world are relevant from an artistic point of view.

In this era of triumphal capitalism, when interest coldly prevails over all other values, the mechanics of production of libidinal anxiety and readily consumable cognitive capital have relegated the discourse on love to some strains of psychoanalytical research, to pop

3. Citada en Victoria Cirlot y Blanca Garí, *La mirada interior. Escritoras místicas y visionarias en la Edad Media,* Ed. Siruela, 2008.

3. Cited in Victoria Cirlot & Blanca Garí, *La mirada interior. Escritoras místicas y visionarias en la Edad Media,* Ed. Siruela, 2008.
[Mechthild of Magdeburg: *Selections from The Flowing Light of the Godhead,* DS Brewer, 2003, p.47]

Cortesía / Courtesy: Lisson Gallery

el discurso sobre el amor relegado a algunas investi-
gaciones psicoanalíticas, a las canciones pop o a las
organizaciones humanitarias. El amor alimenta la psi-
que y da forma a las actitudes que, canalizadas por
vías eróticas, poéticas, sociales o utópicas, pueden
decantarse hacia la encarnación en obras concretas
que redirigen a la búsqueda de sentido y verdad. En
la estética occidental hay dos tendencias diferencia-
das: la idealista, que cree que el ser se funda en la
verdad y que la obra debe adecuarse a la idea, y la
pragmática, que defiende que la verdad se funda en
el ser y que la obra es una *alètheia* (verdad, en grie-
go), una desocultación de lo real, «una *physis* que lleva consigo tanto el brillo como la oscuridad, no sub-
ordinada a las categorías sino origen de ellas, donde
la vida y la inteligencia son inmanentes».4
La fenomenología del vínculo entre lo matérico y lo
espiritual, entre lo mutable y lo permanente, entre lo
visible y mensurable y lo invisible e inconmensurable,
entre lo masculino y lo femenino, es parte de la bús-

songs or humanitarian organizations. Love feeds the
psyche and gives form to the attitudes which,
channelled through erotic, poetic, social and utopian
paths, can lead to the incarnation of specific works
that redirect the search for meaning and truth. In
western aesthetics there are two differentiated
tendencies: the idealist, that believes that the being is
founded on the truth and that the work must adapt to
the idea; and the pragmatic, which defends that the
truth is founded on the being and that the work is an
aletheia (truth in Greek), a uncovering of the real, "a
physis bearing within itself both light and darkness, yet
not subordinated to categories but instead the origin
of them, where life and intelligence are immanent".4
The phenomenology of the connection between the
material and the spiritual, between the mutable and
the permanent, between the visible and mensurable
and the invisible and incommensurable, between the
masculine and the feminine, is part of the alchemist's
quest for the *coincidentia oppositorum* in which the

4. Antonio Escohotado, «La condición y lo condicionado», *Archipiélago.
Cuadernos de crítica de la cultura*, 5 (1990), Ed. Pamiela, p.16.

4. Antonio Escohotado, "La condición y lo condicionado", *Archipiélago.
Cuadernos de crítica de la cultura*, 5 (1990), Ed. Pamiela, p.16.

> SHRINE (SANTUARIO), 1987-90
BRONCE / BRONZE
138 X 138 X 60 CM

Foto / Photo: Gareth Winters, London • Cortesía / Courtesy: Lisson Gallery

41

queda alquímica de la *coincidentia oppositorum* que tiene en el corazón la retorta donde estos opuestos se disuelven. En la filosofía oriental la complementariedad de los opuestos es indisoluble y consustancial al ser. En el contexto de ciertas tradiciones esotéricas la mujer, la *dakini*, la hurí, la virgen, o la amada, símbolo de orden y armonía en el sufismo, «no es exactamente la divinidad sino un reflejo tangible, una epitanía, un bello rayo de Sus Atributos o Nombres».5 Las obras de Anish Kapoor contemplan el milagro de las manifestaciones femeninas ya sea a través del cuerpo de la mujer o de la tierra concebida como cuerpo, y se decantan hacia la exploración de lo horizontal y lo profundo, de lo ondulado, diferenciándose del carácter fálico de la mayor parte de la escultura de la modernidad. Sabiendo que el paisaje puede ser también lugar para la aparición de signos que revelan el sentido del mundo, sus creaciones son ejercicios de exploración psicogeográfica y señales de una topología del viaje del alma, por el que también

heart is the retort where these opposites are dissolved. In Eastern philosophy the complementarieness of opposites is consubstantial to the being. And in the context of certain esoteric traditions the woman, the *dakini*, the houri, the virgin, or the she-lover, symbol of order and harmony in Sufism, "is not exactly the divinity but the tangible reflection, an epiphany, a beautiful ray of Her Attributes or Names".5 Anish Kapoor's work contemplates the miracle of feminine manifestations whether through the body of woman or the earth conceived as body, leaning toward an exploration of the horizontal and the profound, of the undulated, in contradistinction to the phallicness of the majority of sculpture in modernism. Knowing that the landscape can also be a locus for the appearance of signs that reveal the meaning of the world, his creations are exercises in psychogeographic exploration and signs of a topology of the voyage of the soul, along which poets like Rilke

5. Carlos Varona Narvión en *Ibn Arabí, El intérprete de los deseos (Taryuman Al-Aswaq)*, Editora Regional de Murcia, Murcia, 2002, p. 18.

5. Carlos Varona Narvión in *Ibn Arabí, El intérprete de los deseos (Taryuman Al-Aswaq)*, Editora Regional de Murcia, Murcia, 2002, p. 18.

Museo Arqueológico de Nápoles / Naples Archaeological Museum • Foto / Photo: Pepe Avallone, Naples

TURNING WATER INTO MIRROR,
BLOOD INTO SKY
(CONVIRTIENDO EL AGUA EN ESPEJO
Y LA SANGRE EN CIELO), 2003
ACERO, AGUA Y MOTOR / STEEL,
WATER AND MOTOR
173 X 300 X 300 CM

han transitado poetas como Rilke. El misterio con el que conectan da forma a elegías o a esculturas y es al intérprete, lector o espectador –y también autor–, al que se le propone una experiencia de transformación ante la obra. Esta experiencia es, en palabras de Anish Kapoor, «igual que un acto de oración, que consagra un tiempo concreto que está separado de la vida cotidiana propia».6

Los viajes de Anish Kapoor

A lo largo de más de treinta años de trayectoria creativa, Anish Kapoor nos ha ofrecido diversas formas de acercamiento a un misticismo orgánico que tiene, en las oquedades y protuberancias del cuerpo sexuado, la base material con la que abrir una puerta hacia lo inmaterial, hacia lo sutil y cósmico. El repertorio de su obra está compuesto por formas pigmentadas y brillantes, por piedras con agujeros de profundidad insondable, por espejos reflectantes que incluyen al espectador, por masas de materia que definen su forma

have also travelled. The mystery with which they connect gives form to elegies or to sculptures and it is the interpreter, reader or spectator—also an author—who is challenged with a transformative experience in front of the work. This experience is, in the words of Anish Kapoor, "the same as an act of prayer, consecrating a particular time which is separated from one's ordinary life."6

Anish Kapoor's Journeys

Throughout his creative trajectory of more than thirty years, Anish Kapoor has offered us many ways of approaching organic mysticism, using the openings and protuberances of the sexed body as basic matter with which to gain a gateway to the immaterial, to the subtle and cosmic. The repertoire of his work is composed of brightly coloured forms, of stones with unfathomable gaping holes, of reflecting mirrors that embrace the beholder, of mounds of matter that define their form in crossing doorways and

6. Nicholas Baume (editor), *Anish Kapoor: Past, Present, Future,* The Institute of Contemporary Art, Boston, 2008.

6. Nicholas Baume (editor), *Anish Kapoor: Past, Present, Future,* The Institute of Contemporary Art, Boston, 2008.

IRIS, 1998
ACERO INOXIDABLE /
STAINLESS STEEL
200 X 200 X 200 CM

Instalación / Installation: CAPC Musée d'art contemporain de Bordeaux
Foto / Photo: Frédéric Delpech, 1999

al atravesar puertas y vacíos arquitectónicos. La suya es una búsqueda de la belleza a través de la corporeidad matérica y del vacío, de los colores y las formas. Los concibe como manifestaciones necesarias para un conocimiento en el que nuestro cuerpo y nuestra percepción actúan a la vez como receptores y como transmisores de una experiencia de sublimación erótica y estética. Siempre sabiendo que nuestro cuerpo y el mundo son la máxima realidad.

Una de sus obras tempranas titulada *My Body, Your Body* (1993) responde claramente a la dialéctica de la presencia y la ausencia, al diálogo entre el yo y el otro, entre el emisor y el receptor. Encastrada en la pared blanca, una escultura de proporciones antropomórficas y profundo color azul oscuro muestra hacia su centro una suave y difuminada oquedad. Alude a la alteridad, a la receptividad del cuerpo, a la apertura hacia el otro, a la espera y al deseo de que llegue el otro. La figura humana, tan ausente de la abstracción minimalista, es en Kapoor un referente permanente.

architectural openings. His is a quest for beauty through material corporeity and through the void. He conceives colour and forms as necessary manifestations for a knowledge in which our body and our perception act at once as receptors and transmitters of an experience of erotic and aesthetic sublimation. Being always aware that our body and the world are the highest reality.

One of his early works, *My Body, Your Body* (1993), clearly responds to the dialectics of presence and absence, to the dialogue between the I and the other, between emitter and receptor. Toward the centre of the deep dark blue anthropomorphically-proportioned sculpture embedded in a white wall is a soft diffuse cavity. It relates to otherness, to the receptiveness of the body, to an opening up to the other, a waiting and the desire for the other to come. While completely absent from minimalist abstraction, in Kapoor's work the human figure is a constant reference. The abstraction implicit in his work is one which wonders

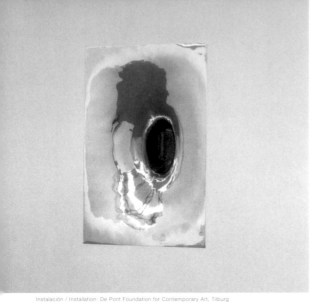

UNTITLED (SIN TÍTULO), 1995
ALUMINIO / ALUMINIUM
149 X 98 X 99 CM

La abstracción implícita en sus obras es aquella que se pregunta cómo el yo se traduce al otro, cómo se articula el discurso del eros divino, cómo se evidencia la relación de los seres individuales con la inteligencia universal. Por eso en su obra hay formas que remiten a iris, vulvas, *lingams*, montañas, y hay, sobre todo, una serena llamada al espectador cuyo cuerpo y cuya mirada habrán de completar la obra. «Me gusta la idea de que hay dos clases de devenir: la primera es una experiencia casi cinemática del objeto, de su aparente evolución mientras es contemplado; la otra es un estado interior, más poético, del devenir de la obra en la imaginación del espectador», dice Kapoor.7 Formalmente, la escultura de Kapoor puede existir con zócalo o sin él; puede ascender verticalmente hacia el cielo o expandirse horizontalmente por el espacio; puede ocupar el techo o hundirse en el suelo; puede emerger de una pared sin apenas diferenciarse de ella. Goza así de los privilegios del campo expandido del arte y guarda cercanas conexiones lingüísticas con las tendencias de su tiempo, pero no se

7. Ibíd., p. 47.

how the I becomes an other, how the discourse of the divine Eros is articulated, how the relationship between individual beings with universal intelligence is revealed. That is why his works contain forms reminiscent of irises, vulvas, *lingams*, mountains and, very especially, a serene appeal to the beholder whose body and whose gaze are required to complete the work. "I love the idea that there are two kinds of becoming: one is an almost cinematic experience of the object, of its seeming evolution as one looks at it; the other is an internal state, a more poetic one, of the becoming of the work in the imagination of the viewer", says Kapoor.7 Formally speaking, Kapoor's sculpture could exist with or without a plinth; it could rise vertically to the heavens or expand horizontally into space; it can take over the ceiling or plunge into the ground; it might emerge from the wall almost without being distinguished from it. It partakes in the privileges of the expanded field of art and maintains close linguistic ties with the movements of its time yet, that said, it does

7. Ibíd., p. 47.

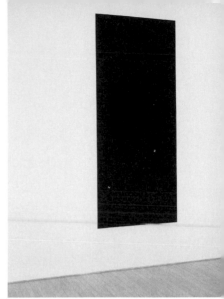

MY BODY YOUR BODY
(MI CUERPO TU CUERPO), 1993
FIBRA DE VIDRIO Y PIGMENTO /
FIBREGLASS AND PIGMENT
DIMENSIONES VARIABLES, ELEMENTO DE /
DIMENSIONS VARIABLE; ELEMENT:
248 X 103 X 205 CM

Cortesía / Courtesy: Lisson Gallery

someta a ninguna ortodoxia. Está más allá de la etiqueta de la «nueva escultura británica» y se escapa de la limitación que ha pretendido encerrarla en el cliché de lo «exótico» por el hecho de haber nacido en la India y haber trabajado con pigmentos. Su escultura puede conformarse a partir de formas objetuales, cerradas y estáticas, pero puede devenir también una gigantesca forma en movimiento que penetra la arquitectura y se moldea en relación a ella. El espacio, en toda su amplitud física y metafórica, es lo que Kapoor está interesado en modular, para abrirlo a los vuelos alados de la alegoría y a las intuiciones ancestrales sobre el ser, para acercarlo a su verdad. *Descent into Limbo* (1992), por ejemplo, consistía en una habitación cúbica de seis por seis metros, en el interior de la cual había un hueco de un metro y medio de diámetro cuyo perímetro caía suavemente hacia una profundidad azul oscura fascinante, sublime y aterradora porque aludía a una oscuridad que todos llevamos dentro. Esta obra revela al mismo tipo de verdad que contienen iglesias como la de San Baudelio de

not bow to any orthodoxy. It is over and above labels such as "New British Sculpture" and eschews the limitations that strive to corset it within the cliché of the "exotic" by dint of the mere fact of his having been born in India and having worked with pigments. Kapoor's sculpture can be conformed from closed and static objectual forms but it can also become a gigantic form in motion that penetrates architecture and moulds itself in relation to it. The space, in all its physical and metaphorical amplitude, is what Kapoor is interested in modulating, to open it up to the winged flight of allegory and ancestral insights into the being, into rapprochements to its truth. *Descent Into Limbo* (1992), for instance, consisted in a six by six metre cubic room containing inside it a hole of one and half metre diameter whose perimeter sinks softly into the fascinating, sublime yet terrifying murky blue depths that remind us of the darkness we all have inside of us. This work reveals the same kind of truth as churches like San Baudelio de Berlanga, a hermitage born from the encounter between Islamic and Christian beliefs.

< DESCENT INTO LIMBO >
(DESCENSO AL LIMBO), 1992
CEMENTO Y ESTUCO /
CONCRETE AND STUCCO
600 X 600 X 600 CM
Proyecto para / Project for Documenta IX, Kassel
Foto / Photo: Dirk de Neef, Ghent
Cortesía / Courtesy Anish Kapoor and Lisson Gallery

46

Berlanga, un eremitario nacido del encuentro entre creencias islámicas y cristianas. Esta construcción sagrada, experimental, simbólica, compuesta por dos simples cubos, permitía al eremita meditar sobre la oscuridad absoluta de la tierra tumbándose en el suelo de una gruta interior de más de quince metros de profundidad.

A diferencia de la voluntad de auto-referencialidad del minimalismo, como tendencia hegemónica, el arte de Kapoor surge de la hibridación transversal de tradiciones y de la capacidad de crear formas bellas que se proponen como mensajes abiertos. Hoy sabemos que la poética pretendidamente pura del minimalismo esconde significados que lo conectan con el carácter abstracto de la mercancía, con la repetición del sistema de producción industrial. Hal Foster ha afirmado que el positivismo y la demanda de literalidad del minimalismo no desvelaron en su momento la sistemática latente a la que tanto su serialidad como la del pop apuntaban: la del orden económico y simbólico

This holy, experimental and symbolic building composed with two simple cubes, allowed the hermit to meditate on the absolute darkness of the earth, lying on the ground of a cave more than fifteen metres deep.

Unlike the self-referential drive of minimalism, as a hegemonic tendency, the art of Anish Kapoor is rooted in a transversal hybridisation of traditions and in the capacity to create beautiful forms put forward as open messages. Now we know that the supposedly pure poetics of minimalism hides meanings that connect it with the abstract nature of a commodity and with the repetition of the system of industrial production. Hal Foster maintained that positivism and minimalism's demand for literalness did not, at the time, reveal the latent systematic to which the seriality of both itself and of pop pointed: that of the economic and symbolic order of serialised work, that of the dictatorship of production and profits, both effects of generalized universal industrialization and the

del trabajo en serie, la de la dictadura de la producción y el beneficio, efectos ambos «de la industrialización universal generalizada y de las pretensiones de inmanencia del capital norteamericano».8

Una de las obras recientes de Kapoor lleva por título *Svayambh* (2007), una palabra sánscrita que significa «autogenerado». Alude a la energía interna de la materia y a la fuerza de un lugar, como si las obras surgieran de una confluencia en la que el artista es un catalizador, un intérprete, un sujeto mediador que potencia acontecimientos extraordinarios y ofrece esta experiencia y sus visiones a la comunidad. Revelar la propia verdad y trabajar en beneficio de ella es a menudo trabajar por el bien de los otros.

Las conjunciones y disyunciones entre forma y vacío, entre la densidad de la materia y su desaparición, así como la búsqueda de la fusión momentánea con el espectador evidencian que el arte de Kapoor es representativo del poder de la espiritualidad que nace de la sensualidad da cuerpo a la riqueza cognoscitiva

pretensions of immanence of North American capital.8 One of Kapoor's more recent works is titled *Svayambh* (2007), a Sanskrit word meaning "self-generated". It refers to the internal energy of matter and the power of a place, as if the works came about from a confluence in which the artist is a catalyst, an interpreter or a mediating subject who enhances extraordinary events and offers this experience and its visions to the community. Revealing one's personal truth and working in its benefit is often to work for the good of everybody.

The conjunctions and disjunctions between form and void, between the density of matter and its disappearance, as well as the search for the momentary fusion with the viewer reveal how Kapoor's art is representative of the power of the spirituality born from sensuality. It also embodies the cognitive wealth that comes from the subtle play of opposites: light/darkness; fullness/void; earth/sky; body/mind. It thus revels in metaphysical subtlety, and

8. Hal Foster, *El retorno de lo real. La vanguardia a finales de siglo*. Ediciones Akal, Madrid, 2001.

8. Hal Foster, *El retorno de lo real. La vanguardia a finales de siglo*. Ediciones Akal, Madrid, 2001.
[*The Return of the Real. The Avant-garde at the End of the Century*. The MIT Press, Cambridge, Massachusetts, 1996.]

UNTITLED (SIN TÍTULO), 1996
CEMENTO / CONCRETE
Instalación / Installation: 'Betong', Malmö Konsthall, Malmo
Foto / Photo: Gerry Johansson
Cortesía / Courtesy Lisson Gallery

que emerge del sutil juego de opuestos: luz/oscuridad; lleno/vacío; tierra/cielo; cuerpo/mente. Se complace así en la sutileza metafísica, y busca cómo darle cuerpo en el espacio y cómo acoger al cuerpo del espectador en el campo de intensidad de su aura. Un espectador que, como nos ha enseñado la física cuántica, con su interpretación modifica lo visto, interviene irremisiblemente sobre ello.

Islamic Mirror

Las superficies reflectantes están presentes en la obra de Kapoor desde hace más de diez años, cuando empezó a crear espejos cóncavos. Como él mismo afirma, le interesa la sugestión de espacio de los espejos cóncavos porque, en ellos, el espacio de la imagen ya no se encuentra más allá del plano de la imagen, sino que está delante de él, dentro del espacio físico del espectador. Los espejos poseen el espacio que tienen delante y, reflejando lo cercano, producen el mismo vértigo que un espejo lejano.9

9. Citado en el catálogo *ANISH KAPOOR Svayambh*, Musée des Beaux Arts de Nantes, Nantes, 2007.

seeks to give it body in space and to embrace the body of the spectator in the field of intensity of its aura. A beholder who, as quantum physics has taught us, modifies the seen with his interpretation, irremediably intervening in it.

Islamic Mirror

Kapoor's work has engaged with reflecting surfaces for over ten years now, ever since he started to create concave mirrors. As he says himself, he is interested in the suggestion of space in concave mirrors because, in them, the space of the image is no longer beyond the plane of the image, instead it is in front of it, inside the physical space of the viewer. Mirrors possess the space they have in front of them and, reflecting what is near at hand, produce that same sense of vertigo as a distant mirror.9
Kapoor has created blood red mirrors, others with the pinky hues of dawn, some that fluctuate between green and violet. Their perfectly polished reflecting

9. Cited in the catalogue *ANISH KAPOOR Svayambh*, Musée des Beaux Arts de Nantes, Nantes, 2007.

TURNING THE WORLD INSIDE OUT II
(DÁNDOLE LA VUELTA AL MUNDO II), 1995
BRONCE CROMADO / CHROMED BRONZE
180 X 180 X 130 CM

Instalación / Installation: 'Anish Kapoor', Fondazione Prada, Milan
Foto / Photo: Attilio Maranzano, Siena
Colección / Collection: Fondazione, Prada, Milan

50

Kapoor ha creado espejos rojo-sangre, otros del color rosado del amanecer, algunos que transitan entre el verde y el violeta. Usualmente sus superficies perfectamente pulidas y reflectantes se proponen como una piel en la que proyectarse uno mismo, tanto visual como emocionalmente. «La superficie es el lugar donde el sentido puro se produce», dice Deleuze en *Logique du sens*. «Lo que es más profundo que cualquier fondo es la superficie, es la piel. Aquí se forma un nuevo lenguaje esotérico que es en sí mismo su propio modelo y su realidad.»10

Recientemente Kapoor ha creado espejos cuyas superficies se fragmentan en pequeños hexágonos, octógonos y cuadrados y que multiplican las imágenes del espectador.La obra instalada en la Sala Sharq al-Alndalus del Monasterio de Santa Clara, *Islamic Mirror* (2008), es un espejo circular y cóncavo de 2,40 metros de diámetro y de aproximadamente 80 kilogramos de peso. Compuesto por pequeños fragmentos octogonales y cuadrados, su perfecta articulación

surfaces are usually propositioned as a skin into which one can both visually as well as emotionally project oneself. "The surface is the place where pure meaning is produced", as Deleuze claimed in *Logique du sens* before going on to say that "deeper than any other ground is the surface and the skin. A new type of esoteric language is formed here which is its own model and reality."10

Kapoor has recently created mirrors whose surfaces are fragmented in small hexagons, octagons and squares which multiply the images of the spectator. These mirrors are inspired in Islamic mathematical knowledge. The work installed at Sharq al-Andalus hall at the Santa Clara Museum, *Islamic Mirror* (2008) is a circular concave mirror measuring 2.4 metres diameter and weighing approximately 80 kilos. Made up of small octagonal and square fragments, its perfect articulation alludes to the formal, mathematical and geometrical transition from the square to the sphere, a historically meaningful intellectual and

10. Gilles Deleuze, *Logique du sens*, Minuit, París, 1969.

10. Gilles Deleuze, *Logique du sens*, Minuit, Paris, 1969.
[*The Logic of Sense,* Columbia University Press, New York, 1990, p. 141.]

TURNING THE WORLD INSIDE OUT
(DÁNDOLE LA VUELTA AL MUNDO), 1995
ACERO INOXIDABLE / STAINLESS STEEL
148 X 184 X 188 CM

Foto / Photo: John Riddy, London • Cortesía / Courtesy: Lisson Gallery

alude al tránsito formal, matemático y geométrico, en-tre el cuadrado y la esfera, una preocupación intelec-tual y estética históricamente significativa para arqui-tectos, místicos, cientíticos y artistas.

Tal como explican sus constructores, la pieza surge a partir de un modelo tridimensional de una malla geo-tangente a un casquete polar de 2,31 metros de diá-metro. Dicha malla esta compuesta por una relícula de octógonos y cuadrados, y está proyectada de tal forma que los planos de cada uno de los espejos son tangentes a la superficie del casquete, con lo que el conjunto genera el efecto de reflejo invertido general de la forma cóncava del disco y crea una imagen in-vertida. En total incluye 4.437 piezas: 2.241 octágo-nos y 2.196 cuadrados, cada uno numerado radial-mente desde el centro. El tamaño aproximado de los elementos octogonales del patrón es de 4,5 centíme-tros de diámetro, aunque la razón geométrica hace que los tamaños de los espejos se vayan reduciendo a medida que se van acercando a los bordes del dis-

aesthetic concern for architects, mystics, scientists and artists.

As its builders explained, the piece came about from a three-dimensional model for a mesh geotangential to a polar icecap of 2.31 metres diameter. This mesh is composed of a grid of octagons and squares, and is conceived in such a way that the planes of each one of the mirrors are tangential to a surface of the icecap, with the whole generating the effect of overall inverse reflection of the concave form of the disc and creating an inverse image. In total it includes 4,437 pieces, 2,241 octagons and 2,196 squares, each one numbered radially from the centre. The approximate size of the octagons of the pattern is 4.5 centimetres in diameter, though the geometric logic requires the sizes of the mirrors to gradually reduce as they near the edge of the disc. The pieces are made of mirror polished stainless steel cut in Japan by nitrogen laser, a technique that ensures that the edges do not lose colour and that they fit together precisely. The whole

Instalación / Installation: Kunsthaus Bregenz
Fotografía / Photo: Nic Tenwiggenhorn ©VG Bild-Kunst, Bonn, 2003

co. Las piezas están hechas de acero inoxidable pulido de espejo y cortadas por láser de nitrógeno en Japón, un sistema que asegura que no se decoloren en los bordes y que encajen exactamente. Toda la pieza va montada y reforzada sobre una estructura de acero inoxidable diseñada para aguantar todo el peso del disco sin que sufra la mínima distorsión. Sorprendentemente, los bordes del círculo son irregulares, como expandiendo virtualmente su secuencia geométrica al infinito.

Preparada para el transporte, la obra se dispone a encontrarse con alguno de sus puntos supremos de contemplación abriéndose a conexiones con el contexto arquitectónico que la acogerá, y nos propone una experiencia física y espiritual. Al situarse en su lugar, sea éste interior o exterior, «la obra no es ya la expresión privada del artista, sino una obra pública. Su sentido no está escrito *a priori*, se configura en el espacio cultural de su apropiación. [...] Una parte del trabajo del artista consiste en organizar la posibilidad

piece is assembled and reinforced on a stainless steel structure designed to support the weight of the whole disc without the slightest distortion. Surprisingly, the edges of the circle are irregular, almost as if virtually expanding their geometric sequence ad infinitum.

Prepared for transport, the work is ready to meet with some of its supreme points of contemplation, opening up to connections with the architectural context in which it is placed, positing a physical and spiritual experience. When located within its place, whether this might be indoor or outdoor, "the work is no longer the private expression of the artist, instead it is a public work. Its meaning is not written *a priori*, rather it is configured in the cultural space of its appropriation. [...] A part of the work of the artist consists in organising the possibility of this endless commentary that charges the work with a supplementary patina", as Jean de Loisy pointed out.[11] Inasmuch as liveable and interpretable sign, the mirror is turned into an experience of transformation because, as Umberto

11. Jean de Loisy, "svayambh", in the catalogue *ANISH KAPOOR svayambh*, Musée des Beaux Arts de Nantes, Nantes, 2007, p. 8.

de izquierda a derecha / from left to right:

WHITE DARK VI (OSCURIDAD BLANCA VI), 1998
MADERA, FIBRA DE VIDRIO Y PINTURA / WOOD, FIBERGLASS
AND PAINT
300 X 300 X 140 CM

> WHEN I AM PREGNANT (CUANDO ESTOY EMBARAZADA), 1992
MADERA, FIBRA DE VIDRIO Y PINTURA / WOOD, FIBERGLASS
AND PAINT
198.1 X 152.6 X 15 CM

UNTITLED (SIN TÍTULO), 1998
FIBRA DE VIDRIO Y PINTURA / FIBREGLASS AND PAINT
243 X 335 X 162 CM

de ese comentario interminable que carga la obra de una pátina suplementaria», dice Jean de Loisy.[11] En tanto que signo vivible o interpretable, el espejo se convierte en experiencia de transformación pues, como siempre ha defendido Umberto Eco, la semiótica como teoría de los códigos y de la producción de signos es una crítica social y, por lo tanto, una de las formas de la praxis.[12]

El encuentro con el lugar

Kapoor ha instalado sus espejos en lugares abiertos al cielo, como el pozo del patio de la Fondazione Prada, en Milán (1995); o en lugares destinados al culto religioso como la iglesia de Johanniterkirche, en Feldkirch (2003). Ha intervenido en plazas urbanas, con obras gigantescas como la impresionante *Cloud Gate* (2004) del Millennium Park de Chicago, creando fascinantes conexiones entre la obra y el contexto. Esta relación ha adquirido especial significado cuando sus espejos han sido instalados en lugares como el museo del

Eco has always defended, semiotics as the theory of codes and of the production of signs is a social critique and, consequently, one of the forms of praxis.[12]

The Meeting with the Place

Kapoor has placed his mirrors in outdoor locations open to the sky, like the well in the courtyard of the Fondazione Prada in Milan (1995); or in places set aside for religious cult like the Johanniterkirche church in Feldkirch (2003). He has intervened in urban plazas, with gigantic works like the awe-inspiring *Cloud Gate* (2004) in Millennium Park in Chicago, creating fascinating connections between the piece and the context. This relation has taken on special significance when the mirrors have been placed in locations like the Louvre, where one of his pieces, *C-Curve* (2007), smoothly unfolded, its sinuous coldness alluding to the distortion in the conservation of memory.

It is against this backdrop that we can view *Islamic*

11. Jean de Loisy, «svayambh», en el catálogo *ANISH KAPOOR svayambh*, Musée des Beaux Arts de Nantes, Nantes, 2007, p. 8.
12. Umberto Eco, *La estructura ausente: introducción a la semiótica*, Lumen, Barcelona, 1999.

12. Umberto Eco, *La estructura ausente: introducción a la semiótica*, Lumen, Barcelona, 1999.

Louvre, donde una de sus piezas, *C-Curve* (2007), se deslizaba aludiendo, desde su sinuosa frialdad, a la distorsión en la conservación de la memoria.

En esta línea se inscribe la instalación del *Islamic Mirror* en el monasterio de las Claras, en Murcia. Se trata de un lugar emblemático de la ciudad, en el que coexisten restos islámicos, reformas y ampliaciones cristianas, y restauraciones contemporáneas que, en el año 2003, convirtieron su ala sur en museo. Actualmente, este conjunto arquitectónico compagina su uso como lugar público en la zona del museo con el de espacio privado en el área de las dependencias de las monjas de clausura. Los restos islámicos visibles, de mediados del siglo XIII, son el patio con alberca longitudinal y cuatro arriates o jardincillos, y la sala Sharq al-Andalus o salón áulico del palacio, un área rectangular de unos 15 metros de largo y 3 de ancho, en cuya pared central se ha instalado el *Islamic Mirror* de Kapoor.

El espejo mira directamente hacia la alberca del patio

Mirror at the Claras convent in Murcia. One of the city's emblematic buildings, it is a mix of Islamic foundations coexisting with later Christian refurbishments and extensions, and with the contemporary restoration which converted the south wing of the convent into a museum in 2003. At the current moment in time, this architectural complex combines a public use in the museum area with the private space of the quarters set aside for the cloistered nuns. The visible Islamic remains from the mid 13th century are the courtyard with its longitudinal pool and four parterres or borders, plus the Sharq al-Andalus hall or courtroom of the palace, a rectangular area measuring 15 metres long by 3 metres wide, on whose central wall Kapoor's *Islamic Mirror* has been placed.

The mirror directly faces the pool in the courtyard and the convent area where the Poor Clares nuns live. The building was donated to the order in 1365 by King Pedro I of Castile. The "gaze" of the mirror is aligned with the central axis of the architectural complex, is

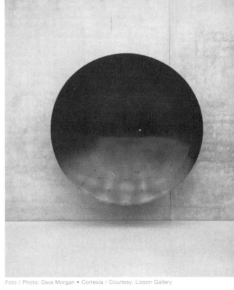

ALBA, 2003
ACERO INOXIDABLE Y PINTURA /
STAINLESS STEEL AND PAINT
DIÁMETRO / DIAMETER:
23.02 X 23.02 X 52 CM

Foto / Photo: Dave Morgan • Cortesía / Courtesy: Lisson Gallery

y hacia la zona monástica donde habitan las monjas de clausura de la orden de las Clarisas, a quienes fue donado el edificio, en 1365, por el rey castellano Pedro I. La «mirada» del espejo concuerda con el eje central del conjunto arquitectónico, se integra en una perspectiva geométrica y redunda así en significación simbólica que tenía la ordenación del espacio en la arquitectura islámica: el patio con arriates ajardinados representaba la imagen del cosmos, mientras que las aguas de la alberca se convertían en un espejo que traía el cielo a la tierra, depositaba los astros nocturnos en su superficie y creaba destellos que se proyectaban en la arquitectura, a la vez que actuaba como espejo de la propia arquitectura, convertida en «novia» del espectáculo cósmico. En el legado hermético, el estanque une lo que está arriba con lo que está abajo, y significa la Inteligencia, la capacidad profética, el espejo de videncia, a la vez que alude al arcano de la Materia Madre, simbolizada por el agua.13

El patio de este palacio es un ejemplo único en su gé-

integrated in a geometric perspective and further adds to the symbolic signification that the order of space had in Islamic architecture: the courtyard with its garden borders represented the image of the cosmos, while the water of the pool became a mirror that brought the sky down to earth, depositing the night stars on its surfaces and creating sparkles that were projected on the architecture, while at once acting as a mirror of the architecture itself, transformed into the "betrothed" of the cosmic spectacle. In the legacy of Hermeticism, the pool joins what is above with what is below, and stands for Intelligence, prophetic capacity, the mirror of clairvoyance, and also alludes to the mystery of Primal Matter, symbolised by water.13

The courtyard of the palace is a unique example of its kind and a transition between the Almoravid and Nasrid architecture styles. Almoravid courtyards usually had two crossing paths with four borders, while Nasrid courtyards, for instance the Alhambra in Granada, had a pool and two longitudinal parterres.

13. Antonio Enrique, *Tratado de la Alhambra hermética*, Port Royal, Granada, 2005, p.116.

13. Antonio Enrique, *Tratado de la Alhambra hermética*, Port Royal, Granada, 2005, p.116.

< Segundo plano / Background:
UNTITLED (SIN TÍTULO), 1997
ACERO INOXIDABLE PULIDO /
POLISHED STAINLESS STEEL
243 X 243 X 60 CM

Primer plano / Foreground:
UNTITLED (SIN TÍTULO) 1997
ACERO FUNDIDO / CAST STEEL
250 X 270 X 270 CM

> **SKY MIRROR**
(ESPEJO DEL CIELO), 2001
ACERO INOXIDABLE / STAINLESS STEEL
DIÁMETRO / DIAMETER: 575 CM

Instalación / Installation: Public Square, Nottingham
Foto / Photo: Dave Morgan
Cortesía / Courtesy: Lisson Gallery

Instalación / Installation: 'Follow Ne, Britische Kunst an der Unterelbe, MS Greundiek,
Stadthafen, Stade • Foto / Photo: Dick Reinhartz, Buxehude

nero y supone una transición entre la arquitectura al-morávide y la nazarí. Los patios almorávides solían te-ner dos paseadores en cruz y cuatro arriates, mientras que los nazaríes, como el de la Alhambra de Granada, tienen una alberca y dos áreas ajardinadas longitudina-les. La distribución cuadrangular fue utilizada también en los claustros de los monasterios cristianos. Hay una cierta ideología del vivir que conecta estos lugares: la del recreo y la del retiro, pues ambos son espacios de alejamiento del mundo, de evasión y de interiorización. Sin embargo, sus respectivas decantaciones hacia el placer y hacia la ascesis les diferencian.

Instalar el *Islamic Mirror* en la sala Sharq al-Andalus del museo de Santa Clara propicia una conjunción extraordinaria entre la obra y el contexto, a la vez que cuestiona la tópica identificación de espacio público como espacio en la calle. Espacio público es también el espacio de condensación histórica que, protegido y regulado por las instituciones públicas, se convierte en patrimonio cívico para la reflexión y el disfrute indi-

The quadrangular distribution was also used in cloisters of Christian convents and monasteries. Both these places share a certain ideology of living: leisure and retreat, because the two are spaces of withdrawal from the world, for escape and introspection. Nonetheless, they are differentiated by their respective inclination towards pleasure and towards asceticism.

Placing the *Islamic Mirror* in the Sharq al-Andalus hall at the Santa Clara museum brings about an extraordinary conjunction of work and context that questions the clichéd identification of public space with street space. After all, the public space also comprises spaces of historic condensation which, protected and regulated by public institutions, are transformed into cultural heritage for individual and collective use, reflection and enjoyment. As Kapoor put it, "the role of public art is to engage with fundamental things. Outdoors is the earth and the sky in some experiential way."[14] The search for logic and balance between planes and perspectives proposes a

14. Charmaine Picard, "I haven't done much at all", interview with Anish Kapoor in *The Art Newspaper*, 191 (May 2008), London.

Instalación / Installation: Kunst-Station St.Peter, Cologne
Foto / Photo: Wim Cox, Cologne

UNTITLED (SIN TÍTULO), 1996
ACERO INOXIDABLE / STAINLESS STEEL
196 X 196 X 42 CM

vidual y colectivo. «La función del arte público es comprometerse con cosas fundamentales. En el exterior están la tierra y el cielo como cierta forma de experiencia», dice Kapoor.14

La búsqueda de lógica y equilibrio entre planos y perspectivas propone un punto privilegiado para la contemplación de la obra, en un juego visual y conceptual que potencia su significación en relación al lugar que la acoge. La sintaxis que la enlaza con la arquitectura contribuye también a la condensación semántica, y el juego de opuestos entre lo positivo y lo negativo, entre lo matérico y lo sublime encuentra en *Islamic Mirror* una forma única de coexistencia y de sincronicidad. Esta fenomenología que asienta el vínculo entre el pasado y el presente, entre el cielo y la tierra, potencia también las conexiones transversales entre el misticismo cristiano, las visiones sufíes del poeta Ibn Arabí (Murcia, 1165 – Damasco, 1240) y las búsquedas estéticas contemporáneas, mostrando, como remarca el propio artista, que «la escala es una

privileged point for the contemplation of the work, in a visual and conceptual play that enhances its meaning in relation to the place that hosts it. The syntax that connects it with the architecture also adds to the semantic condensation, and the play of opposites between positive and negative, between matter and the sublime, finds in *Islamic Mirror* a unique form of coexistence and synchronicity. This phenomenology that makes the connection between past and present, between sky and earth, also empowers the transversal connections between Christian mysticism, the Sufi visions of the poet Ibn Arabi (Murcia, 1165 - Damascus, 1240) and contemporary aesthetic experimentation, proving, as the artist himself says, that "scale is a question of meaning, not of size".15

Opening Kapoor's work up to metaphor and interpretation transforms it into an epicentre that irradiates meanings, brings to the surface an underlying pulsation and multiplies associations. Art is a communicative fact, a system of signs that gives

14. Charmaine Picard, «I haven't done much at all», entrevista a Anish Kapoor en *The Art Newspaper*, 191 (mayo de 2008), Londres.

15. Cited in catalogue *ANISH KAPOOR svayambh*, Musée des Beaux Arts de Nantes, Nantes, 2007, p.26.

C-CURVE (CURVA C), 2007
ACERO INOXIDABLE /
STAINLESS STEEL
220 X 770 X 300 CM

Instalación / Installation: Louvre, Paris • Foto / Photo: Philippe Chancel, Paris
Cortesía / Courtesy: Louvre, Paris

cuestión de significado y no de tamaño».15
La apertura de la obra de Kapoor a la metáfora y a la
Interpretación la convierte en un epicentro que irradia
significados, que hace emerger latidos y multiplica
asociaciones. El arte es un hecho comunicativo, un
sistema de signos que da cuerpo a los códigos, sím-
bolos y convenciones de una época. El símbolo actúa
como un espejo estático en el que el significante, o
cuerpo formal, y el contenido están estrechamente
relacionados. La alegoría y la metáfora proponen re-
laciones móviles entre la forma y el significado, que
dependen y varían según el contexto. La obra se abre
a múltiples interpretaciones, a la fusión momentánea
con el espectador y al devenir.
Al ver su propia imagen reflejada en el espejo, los es-
pectadores son invitados a vivir una experiencia conceptual, sensorial y estética en la que cada individuo
entra a formar parte efímera de la obra cuando con-
templa cómo su imagen se desvanece a la vez que se
multiplica dentro de ella. El eco de sus voces y sus

body to the codes, symbols and conventions of an
era. The symbol acts like a static mirror in which the
signifier, or formal body, and the content are
inextricable entwined. The allegory and the metaphor
tender mobile relations between the form and the
signified that depend and vary according to the
context. The work opens up to multiple interpretations
and to the momentary fusion with the spectator and
the becoming.
When seeing one's own image reflected in the mirror,
the spectator is invited to partake in a conceptual,
sensorial and aesthetic experience in which each
individual becomes a ephemeral part of the work
when they contemplate how their image disappears
yet at once is multiplied inside it. The echo of one's
voice and one's presence also resonates in the
concavity of the mirror and produce sounds that in
turn reverberate in the body, transforming the work
into a support for individual performance.
Similarly to the garden in architectural utopias, the

15. Citado en el catálogo *ANISH KAPOOR svayambh*, Musée des Beaux
Arts de Nantes, Nantes, 2007, p.26.

< CLOUD GATE (PUERTA DE NUBES), 2004
ACERO INOXIDABLE / STAINLESS STEEL
33 FT X 66 FT X 42 FT (10 X 20 X 13 M)
MILLENNIUM PARK, CHICAGO

Foto / Photo: Patrick Pyszka, City of Chicago
Cortesia / Courtesy: Ciudad de Chicago y / and Gladstone Gallery, Nueva York

62

presencias resuena en la concavidad del espejo y produce sonidos que a su vez reverberan en el cuerpo, convirtiendo la obra en un sostén para la performance individual

Como el propio jardín en las utopías arquitectónicas, el espejo se basa en la geometría para crear un espacio existencial, y su reflejo revela algo inefable dentro de la Inteligencia universal. A diferencia del espejo de Velázquez en *Las Meninas*, que reflejaba a los reyes y convertía el cuadro en un símbolo del poder de su mirada y en evidencia de la ideología del poder, el espejo de Kapoor funde el tiempo eterno de la revelación y el tiempo fugitivo del devenir y abole las diferencias entre lo interior y lo exterior, entre lo positivo y lo negativo, entre el espectador y la obra. Así, en un ejercicio laico, utópico, igualitarista, generativo y expansivo, muestra el aquí y ahora del mundo dentro del espejo y del espejo dentro del mundo, a la vez que proclama que cada ser puede ser y es, momentáneamente, el centro del cosmos.

mirror is based on geometry in order to create an existential space, and its reflection reveals something ineffable within the universal Intelligence. Unlike Velázquez's mirror in *Las Meninas*, which reflects the king and queen and transforms the painting into a symbol of the power of their gaze and in proof of the ideology of power, Kapoor's mirror merges the eternal time of the revelation and the fleeting time of becoming, abrogating the differences between inside and outside, between positive and negative, between the spectator and the work. And so, in a secular, utopian, egalitarian, generative and expansive exercise, it shows the here and now of the world within the mirror and of the mirror within the world, while at once proclaiming that every being can momentarily be, and it is, the centre of the cosmos.

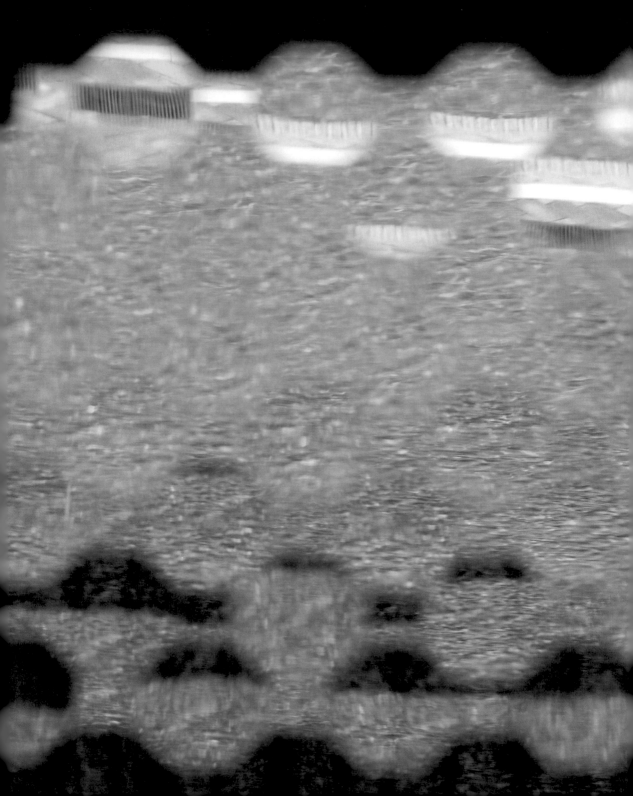

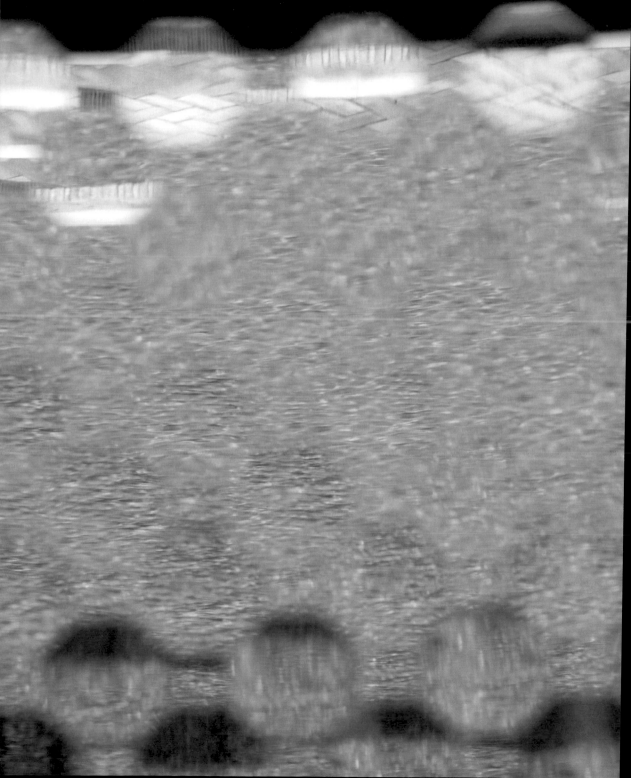

LOS ESPIRITUS SE DAN DE FRENTE

¡Oh palomas (que os posáis) en los árboles de ārakā y bān! ¡Sed
benévolas, y no dobléis con vuestros pesares los míos!

¡Tened clemencia y no descubráis con los lloros y lamentos mis
mudas tristezas y secretas pasiones!

Con la ternura del enamorado y el quejido del sediento, con ella
conversé al crepúsculo y al alba.

En la espesura de los tamarindos (allí donde) los espíritus se dan
de frente, e inclinando hacia mí las ramas me aniquilan.

(Mas) la pasión y una cruel nostalgia despertaron en mí
(visiones de) desgracias y diversas calamidades.

¡Quién me hiciera llegar a Ŷamaʿ, o AL-Muhassab de Minā!

¡Quién me dejara en Dhāt al-Athl y Naʿamān!

Una y otra vez dan vueltas a mi corazón,
con éxtasis y aflicción, besando mis columnas.

Como el mejor de los enviados lo hizo en la Kaaba,
allí donde flaquea la razón.

Y besó sus piedras, él, el dotado de la Palabra.

¡cuán elevados son el rango de la Casa y la talla del hombre!

¡En cuántas ocasiones se comprometió y juró ella que no cambiaría!

¡Mas la que se pinta (jamás) guarda a sus promesas lealtad!

El culmen de las maravillas es una gacela velada,

Que (con la mano) teñida de azufaifa gesticula, y con las cejas hace señas.

Una gacela cuyos prados están en su pecho.

Y ¡Oh portento, es un jardín de llamas rodeado!

Mi corazón adopta todas las formas: unos pastos para las gacelas
y un monasterio para el monje.

(El) es un templo para los ídolos, La Kaaba del peregrino, las
Tablas de la Torá y el libro del Corán.

Sigo sólo la religión del amor, y hacia donde van sus jinetes me dirijo,
pues es el amor mi sola fe y religión.

Nuestro ideal es Biŝr,

El amante de Hind y de su hermana, como lo es Qays, Lubna, Mayya y Gaylān.

Ibn Arabí

El intérprete de los deseos, Taryumān Al-Asâwâq, Murcia, Editora Regional, 2002,
Traductor, Carlos Varona Narvión, pp. 124-125 (Poema escrito a principios del s. XIII).

WHERE SPIRITS FACE ONE ANOTHER

O doves perched on the trees of ārakā and bān! Be
kind,and do not double your woes on mine!
Have mercy. Do not reveal my silent sorrows
and secret passions in tears and laments!
With the tenderness of a lover and the sighs of the thirsty,
I spoke with her at dusk and at dawn.
In the thick of the tamarind trees, (there where) the spirits face
one another, As the bowing branches annihilate me.
(But) passion and cruel nostalgia awake in me
(visions of) many disgraces and calamities.
Who would take me to Ŷamaʿ, or Al-Muhassab de Minā!
Who would leave me in Dhāt al-Athl and Naʿamān!
Once and again twisting around my heart,
with ecstasy and affliction, kissing my columns.
Like the best of envoys did at Kaaba,
there where reason flags.
And, he, gifted with the Word, kissed its stones.
How elevated the rank of the House and the size of man!
How often did she swear and solemnly vow not to change!
Yet one who paints herself does not (ever) maintain oaths!
The most wondrous thing is a voiled gazelle,
whose jujube dyed hands gesticulate, and eyelids do wink.
A gazelle whose meadows are in her breast.
And O Wonder! It is a garden amidst the flames.
My heart can take on all forms:
it is a pasture for gazelles and a monastery for monks,
It is an abode for idols and the pilgrim's Kaaba,
the tables of the Torah and the book of the Qur'an.
I follow the religion of Love: wherever its riders turn there too I go,
as Love shall be my only religion and faith.
We have our ideal in Bisr,
the lover of Hind and her sister, as in Qays, Lubna, Mayya and Gaylān.

Ibn Arabí

El intérprete de los deseos, Taryumān Al-Asāwāg, Murcia, Editora Regional, 2002,
Translated by Carlos Varona Narvión, pp. 124-125 (Poem written in early 13th century).

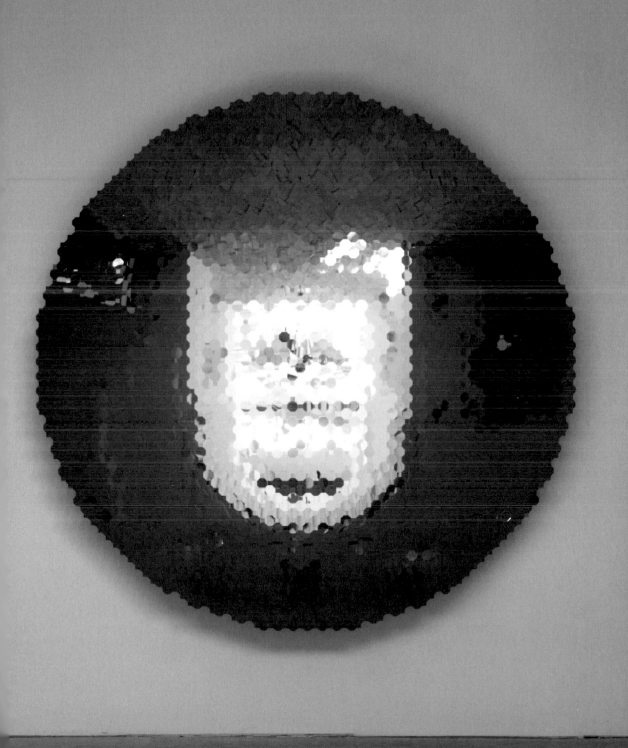

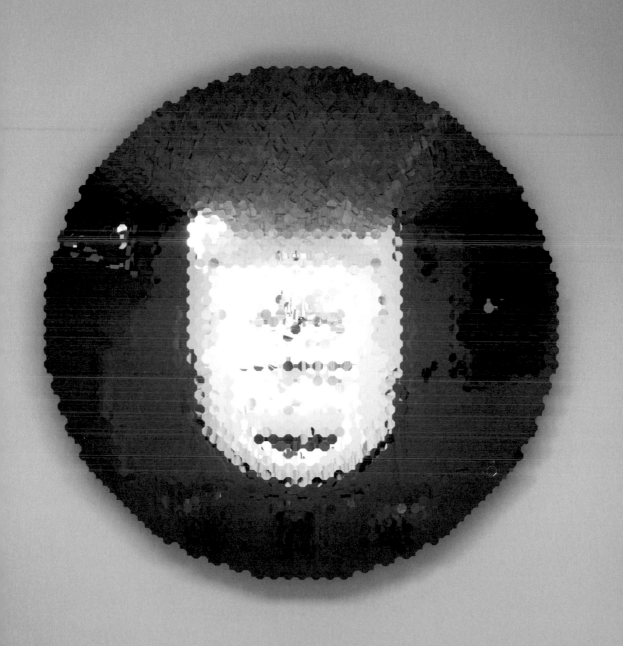

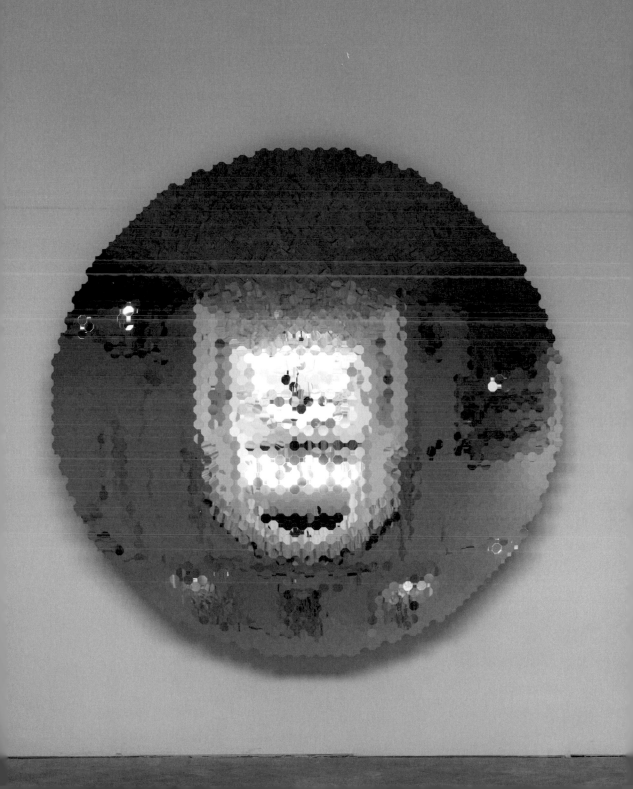

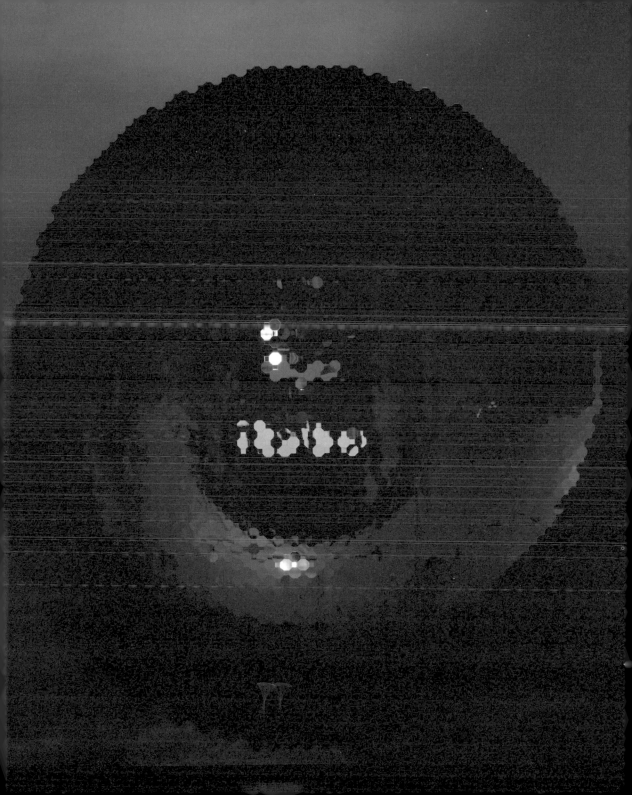

COMUNIDAD AUTÓNOMA DE LA REGIÓN DE MURCIA

Ramón Luis Valcárcel Siso
Presidente de la Comunidad Autónoma de la Región de Murcia

Pedro Alberto Cruz Sánchez
Consejero de Cultura y Turismo

María Luisa López Ruiz
Secretaria General

Antonio Martínez López
Director General de Promoción Cultural

BANCAJA

S.A.R. la Infanta Doña Cristina, Duquesa de Palma de Mallorca
Presidenta de Honor de la Fundación Bancaja

José Luis Olivas Martínez
Presidente de Bancaja

**Proyecto *Islamic Mirror* de
Anish Kapoor en Las Claras
Islamic Mirror project
by Anish Kapoor at Las Claras**

Rosa Martínez
Comisaria / Curator

Isabel Tejeda
Responsable del Dto. de Artes Visuales
Head of Visual Arts Dept

Rosa Miñano Pintor
Javier Castro Flórez
Coordinación / Coordinators

Mari Carmen Ros
Lourdes Avellà
Asistencia a la coordinación
Assistant Coordinators

Factum Arte
Juan Pérez
Montaje / Installation

Mapfre
Seguros / Insurance

Catálogo

Rosa Martínez
Concepto / Concept

Agustín Escolano Benito
Rosa Martínez
Ibn Arabí
Textos / Texts

Lambe & Nieto (traducciones al ingles)
Carlos Varona Narvión (texto Ibn Arabi)
Traducción / Translation

Alicia Guirao / Factum Arte
José Luis Montero
Agustín Escolano Benito
Fotografía / Photography

Tropa
Diseño / Design

Libecrom
Impresión / Printing

ISBN: 978-84-96898-38-7
DL: MU-2833-2008
© De los texto: los autores / Of texts: the authors
© De las fotografías: los autores / Of photographs: the authors

Agradecimientos / Acknowledgements
Este proyecto ha sido posible gracias a la enorme generosidad de Anish Kapoor, así como al trabajo entusiasta de Adam Lowe y su magnífico equipo de Factum-Arte, especialmente Alicia Guirao del Fresno, Damian López Rojo, Celia Yllanes Carmona y Nathaniel Mann. También han sido fundamentales la asistencia curatorial de Effie Vourakis en Londres y la de Maria José Balcells en Barcelona. El autor Agustín Escolano Benito ha enriquecido el catálogo con la cesión de su extraordinario texto sobre San Baudelio de Berlanga. Y la comunidad de monjas del Monasterio de Santa Clara nos ha permitido a todos participar de su transparente espiritualidad y disfrutar de la conmovedora belleza del conjunto arquitectónico en el que habitan. This project was made possible thanks to the extraordinary generosity of Anish Kapoor, as well as the enthusiastic work of Adam Lowe and his magnificent team at Factum-Arte, with a particular mention for Alicia Guirao del Fresno, Damian López Rojo, Celia Yllanes Carmona and Nathaniel Mann. Equally fundamental has been the curatorial assistance of Effie Vourakis in London and of Maria José Balcells in Barcelona. The catalogue has been enormously enriched by the generous cession of his excellent text on San Baudelio de Berlanga by the author Agustín Escolano Benito. The community of nuns at the Santa Clara Convent selflessly allowed us to take part in their transparent spirituality and to enjoy the emotive beauty of the architectural complex in which they live.

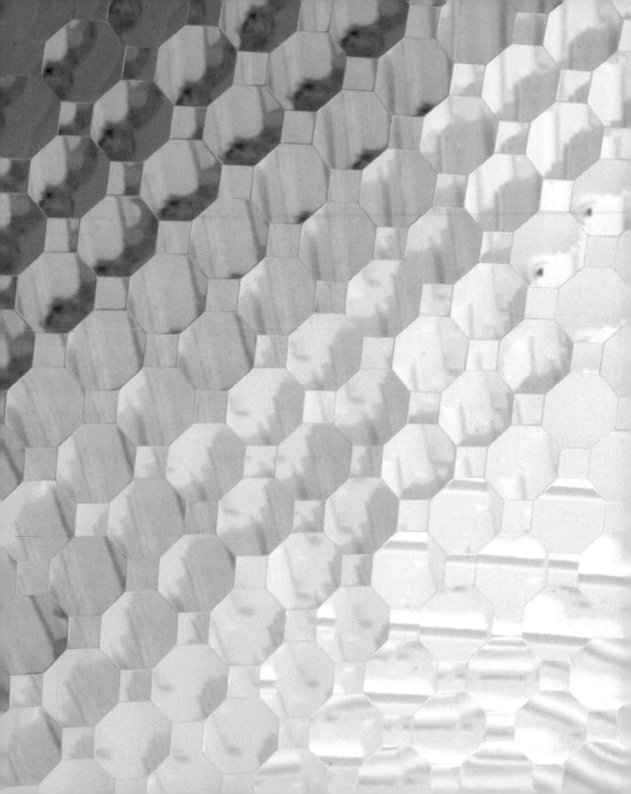

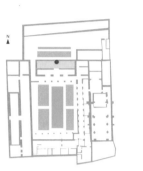

Este catálogo se editó con motivo de la instalacion de la pieza (●) *Islamic Mirror* de Anish Kapoor en la sala Sharq al-Andalus (▪) del Museo del Monasterio de Santa Clara de Murcia. Para su diseño que estuvo al cuidado de Tropa, se emplearon las familias tipografías Gill Sans y Helvetica Neue impresas en papel Gardapat de 150 g. This catalogue was published to coincide with the presentation of (●) Islamic Mirror by Anish Kapoor at the Sharq al-Andalus hall (▪) in the Museum at the Santa Clara Convent in Murcia. The design by Tropa used Gill Sans and Helvetica Neue fonts on 150 g Gardapat paper.